DESATENTOS E HIPERATIVOS

DR. GUSTAVO TEIXEIRA

DESATENTOS E HIPERATIVOS
manual para alunos, pais e professores

2ª edição

Rio de Janeiro | 2013

CIP-BRASIL. CATALOGAÇÃO-NA-FONTE
SINDICATO NACIONAL DOS EDITORES DE LIVROS, RJ

Teixeira, Gustavo
T266d   Desatentos e hiperativos: manual para alunos, pais e professores
2ª ed. / Gustavo Teixeira. – 2ª ed. – Rio de Janeiro: Best*Seller*, 2013.

ISBN 978-85-7684-495-2

1. Distúrbio do déficit de atenção com hiperatividade. 2. Crianças hiperativas. 3. Disciplina escolar. 4. Professores e alunos. I. Título.

11-3068.   CDD: 618.928589
                                                   CDU: 616.89-008.61

Texto revisado segundo o novo Acordo Ortográfico da Língua Portuguesa.

Título original
DESATENTOS E HIPERATIVOS
Copyright © 2011 by Gustavo Henrique Teixeira

Capa: Elmo Rosa
Editoração eletrônica: Abreu's System

Todos os direitos reservados. Proibida a reprodução,
no todo ou em parte, sem autorização prévia por escrito da editora,
sejam quais forem os meios empregados.

Direitos exclusivos de publicação em língua portuguesa para o Brasil
reservados pela
EDITORA BEST SELLER LTDA.
Rua Argentina, 171, parte, São Cristóvão
Rio de Janeiro, RJ – 20921-380
que se reserva a propriedade literária desta tradução

Impresso no Brasil

ISBN 978-85-7684-495-2

Seja um leitor preferencial Record.
Cadastre-se e receba informações sobre nossos lançamentos e nossas
promoções.

Atendimento e venda direta ao leitor:
mdireto@record.com.br ou (21) 2585-2002

Dedico este livro aos professores, pais e familiares de milhares de crianças e adolescentes brasileiros portadores do Transtorno de Déficit de Atenção/Hiperatividade.

Sumário

Introdução 9

1. O TDAH existe há muito tempo? 15

2. Mas o que é o TDAH? 19

3. Quais são as causas? 23

4. Existem transtornos associados? 29

5. Como se faz o diagnóstico? 43

6. Quais são as consequências? 59

7. Como é o tratamento do TDAH? 63

8. Tratamento medicamentoso 65

9. Tratamento psicológico............................. 75

10. Tratamento psicoeducacional.................. 81

11. Guia dos pais 87

12. Guia dos professores............................... 93

Sites de referência.. 103

Bibliografia 105

Contato com o autor 109

Introdução

Sempre que ofereço cursos e workshops, costumo contar uma história que exemplifica o quanto nossa sociedade é preconceituosa quando o assunto é saúde mental infantil. Juliana, 10 anos de idade, é uma excelente aluna do quinto ano do ensino fundamental, entretanto, a professora tem notado que o desempenho acadêmico dela vem caindo. Além da queda de rendimento durante as aulas, Juliana se queixava constantemente de dor de barriga e enjoo, motivo pelo qual havia parado de descer para o pátio da escola com as amigas, durante o recreio.

A professora, muito atenta, fez um contato telefônico com a mãe de Juliana, relatou os últimos acontecimentos e orientou:

– Dona Ana, ela se queixa de dor de barriga e enjoos há mais de duas semanas. A senhora deveria levá-la ao pediatra ou ao gastroenterologista – completou.

A mãe não pensou duas vezes, agendou uma consulta com o pediatra imediatamente. O médico avaliou Juliana e ao final afirmou:

– Dona Ana, a Juliana tem um problema químico no estômago chamado gastrite. Trata-se de uma inflamação da mucosa estomacal devido ao excesso de ácido gástrico.

– O que temos de fazer? – indagou a mãe com um olhar apreensivo.

– Bom, ela fará uso deste remédio aqui, chamado Ranitidina. Tomará um comprimido ao dia, durante uma semana. Além disso, gostaria que fizesse uma dieta equilibrada. A Juliana também não deve ficar mais de três horas sem se alimentar.

– Claro, doutor! – respondeu Dona Ana com uma voz aliviada.

– Eu vou ficar boa, doutor? – perguntou a pequena Juliana.

– Claro que vai, fique tranquila! – esclareceu o médico.

Juliana e a mãe saíram felizes e contentes do consultório e iniciaram o tratamento no mesmo dia. Duas semanas depois, os sintomas gástricos desapareceram,

Introdução

o desempenho acadêmico da menina melhorou, assim como a interação social dela na escola. O problema estomacal estava resolvido.

Bem, de volta à sala de aula, uma nova situação se apresenta. Sentado ao lado de Juliana, o pequeno Pablo parece descontrolado. Brigas sucessivas com colegas resultaram em três advertências nas últimas quatro semanas. Na manhã de ontem, ele havia se negado a trabalhar em sala de aula e, hoje, gritou com a professora ao ser questionado sobre o dever de casa incompleto.

Mais uma vez a professora interveio, telefonou para a mãe de Pablo e relatou o que ocorria:

— Realmente está difícil, Dona Márcia, além dos prejuízos nos estudos, a agitação e a impulsividade estão provocando o afastamento das outras crianças. O Pablo está ficando sem amigos na escola! — enfatizou a professora.

— Mas não sei mais o que fazer, professora! Já bati, já botei de castigo, o que mais posso fazer? — questionou, perplexa, a mãe do aluno.

— Bom, o Pablo precisa ser avaliado por um especialista em comportamento infantil, um psiquiatra da infância e adolescência.

— O quê? — exclamou a mãe com uma voz confusa.
— Meu filho não precisa de psiquiatra, meu filho não é maluco! — enfatizou preocupada.

Desatentos e Hiperativos

— Não, o Pablo não é maluco, Dona Márcia. Mas ele tem um problema sério de comportamento e o médico especialista em comportamento infantil é o psiquiatra da infância e adolescência. — Lá se foram outros dez minutos de conversa, e a professora orientou a mãe do aluno a buscar ajuda profissional.

Caros amigos, da mesma forma que a Juliana teve um problema químico no estômago, o Pablo pode ter um problema químico no cérebro. Assim como podemos ter problemas químicos nos pulmões, no coração, nos rins, nos intestinos ou em qualquer outra parte do corpo. Trata-se de uma questão biológica!

Portanto, qualquer órgão pode ter um problema químico. No caso da Juliana, ela pode se beneficiar de um medicamento e de uma orientação alimentar para corrigir essa alteração estomacal. Da mesma maneira, o cérebro do Pablo, que apresenta um outro problema químico, também pode se beneficiar de um medicamento ou uma terapia, certo?

Acredito que nenhuma mãe encontraria dificuldade em buscar ajuda para um filho que sofre com dor de barriga e um possível problema químico no estômago, entretanto, muitos pais se tornariam resistentes à ideia de buscar ajuda para o filho que sofre de um problema comportamental ou um possível problema químico no cérebro.

Introdução

Esses exemplos reforçam a ideia de que a informação psicoeducacional é o primeiro passo para termos inclusão. Pois com essa ferramenta, podemos derrubar as barreiras da ignorância, do preconceito e oferecer ajuda às famílias de crianças e adolescentes que sofrem diariamente com problemas comportamentais.

Este livro é um guia psicoeducacional direcionado aos pais, professores e demais profissionais da educação e da saúde. O objetivo é informar e orientar sobre um dos problemas comportamentais de maior incidência na infância e na adolescência, responsável por prejuízos significativos na vida de seus portadores e familiares, o transtorno de déficit de atenção/hiperatividade (TDAH).

Boa leitura!

Gustavo Teixeira

CAPÍTULO 1

O TDAH EXISTE HÁ MUITO TEMPO?

Um dos primeiros relatos de sintomas que seria referência da condição que descrevemos hoje como transtorno de déficit de atenção/hiperatividade remonta quase meio século antes do nascimento de Jesus Cristo. Em 493 a.C., o filósofo e médico Hipócrates descreveu pacientes que apresentavam comportamento impulsivo e baixa capacidade de concentração. O médico atribuiu essa condição a um desequilíbrio do fogo em relação à água. O tratamento proposto por Hipócrates consistia na alimentação rica em cevada em substituição ao pão, no consumo de peixe em vez de carne vermelha, na ingestão de líquidos e na prática de atividade física. Muitos séculos mais tarde, em 1613, o célebre autor inglês William Shakespeare fez referência ao "distúrbio da atenção", em sua peça teatral *A famosa história da vida do rei Henrique VIII*.

Um dos primeiros relatos médicos do transtorno ocorreu em 1798, quando o médico escocês Alexander Crichton descreveu a chamada inquietação cerebral em seu novo livro, e explicou como ela poderia prejudicar a aprendizagem das crianças na escola, denominando-a de doença da atenção.

Outra publicação importante foi realizada pelo médico alemão Heinrich Hoffmann em 1845, quando lançou o livro *Der Struwwelpeter*. A obra descreve o comportamento hiperativo do pequeno Philip, personagem desatento, agitado, inquieto, distraído, estabanado e que se envolve em muitas confusões devido ao comportamento hiperativo.

Apesar desses relatos, o marco histórico do início do estudo médico moderno dos transtornos hipercinéticos ocorreu em 1902, quando o pediatra inglês George Still, considerado o pai da pediatria britânica, em palestra proferida no *Royal College of Physicians*, em Londres, descreveu um grupo de crianças com comportamento hiperativo e uma incapacidade de sustentar a atenção. Still acreditava se tratar de uma condição médica grave e de origem hereditária.

O TDAH EXISTE HÁ MUITO TEMPO?

Posteriormente, em 1937, o médico americano Charles Bradley publicou um estudo em que um grupo de crianças com problemas comportamentais apresentou uma melhora no quadro de hiperatividade, impulsividade e agressividade, com a utilização de Benzedrine, um medicamento estimulante. Vinte anos mais tarde, em 1957, outra substância, o metilfenidato, começou a ser comercializada para o tratamento da então chamada lesão cerebral mínima, e é até hoje um dos medicamentos mais utilizados em todo o mundo para o tratamento do transtorno de déficit de atenção/hiperatividade.

A patologia foi chamada de lesão cerebral mínima até o final da década de 1950. Em 1960, a médica Stella Chess a chamou de síndrome da criança hiperativa, pois não era identificada uma lesão orgânica nos portadores para justificar as alterações comportamentais de desatenção e hiperatividade. Sendo assim, o termo lesão cerebral mínima caiu em desuso. Nos anos seguintes, surgiram nomenclaturas como disfunção cerebral mínima e reação hipercinética da infância, nome que perdurou por mais dez anos, quando em 1980 o transtorno de déficit de atenção foi descrito no Manual Diagnóstico e Estatístico dos Transtornos Mentais, publicado pela Associação Psiquiátrica Americana.

Desatentos e Hiperativos

Atualmente estima-se que 5% da população mundial, entre crianças, adolescentes e adultos, sofra com esse diagnóstico, somando aproximadamente 330 milhões de portadores de transtorno de déficit de atenção/hiperatividade.

CAPÍTULO 2

MAS O QUE É O TDAH?

— *Doutor, o Henrique está impossível. Fica correndo de um lado para o outro, não para quieto. Não para nem pra comer. O dever de casa está sempre incompleto porque ele não consegue se concentrar! Na escola está sem amigos, é muito impulsivo e sempre briga com os colegas. A professora já me chamou duas vezes para conversar sobre o comportamento dele em sala de aula. Ele se distrai muito, não presta atenção em nada, brinca o tempo todo e fica se remexendo na cadeira, pulando e gritando. Já botei de castigo, bati, gritei, tirei a televisão e o videogame do quarto... nada funciona. O que eu faço?*

Costumo escutar depoimentos como esse diariamente em meu consultório. São pais desgastados, frustrados com o comportamento dos filhos e que se sentem muito culpados por não entenderem as causas desse problema e por não conseguirem ajudá-los.

O transtorno de déficit de atenção/hiperatividade é uma condição comportamental de grande incidência na infância e na adolescência. Pesquisas internacionais revelam que o TDAH está presente em torno de 5 a 10% da população em idade escolar.

A identificação de números semelhantes sobre a incidência desse problema nos estudos conduzidos por diferentes grupos de cientistas nos Estados Unidos, Canadá, Brasil, México, Austrália e países da Europa reforça a ideia de que existe uma distribuição global do TDAH. Portanto, crianças e adolescentes, estudantes de escolas públicas ou privadas do ensino infantil, fundamental ou médio, ricas ou pobres, vivendo em países do primeiro ou do terceiro mundo podem apresentar o problema.

O TDAH é caracterizado basicamente por sintomas de desatenção, hiperatividade e impulsividade. Os sintomas são responsáveis por muitos prejuízos na vida escolar dos jovens acometidos, além de problemas de relacionamento social e ocupacional. Além disso, o im-

MAS O QUE É O TDAH?

pacto negativo do transtorno para o portador pode interferir também na vida de familiares, amigos, colegas de escola e dos membros da comunidade em que vivem.

Uma criança ou adolescente com TDAH normalmente é desorganizada, comete erros por descuido, apresenta dificuldade para se concentrar e seguir ordens, evita a execução de exercícios ou atividades que exijam muita atenção, é esquecida e se distrai com facilidade. Muitas vezes, parece não escutar quando alguém lhe dirige a palavra, não termina os deveres de casa e perde o material escolar, chaves, dinheiro e brinquedos.

Essa criança também pode ser agitada e inquieta, não consegue permanecer sentada, abandona a cadeira em sala de aula ou durante o almoço, por exemplo. Está sempre a mil por hora, como se estivesse ligada em uma tomada de 220 volts, fala em demasia e dificilmente brinca quieta; está constantemente gritando.

A impulsividade é também outro sintoma marcante do transtorno de déficit de atenção/hiperatividade, o que pode resultar em crianças e adolescentes muito irritados, com baixo limiar de frustração (os chamados "pavio curto"), que se envolvem constantemente em brigas ou atritos com colegas de sala de aula ou com familiares e professores.

CAPÍTULO 3

QUAIS SÃO AS CAUSAS?

As origens do transtorno de déficit de atenção/hiperatividade ainda não estão bem definidas. Entretanto, acredita-se em uma origem multifatorial e complexa envolvendo diversos fatores, e o mais importante deles é a herança genética.

Portanto, podemos defini-lo como um transtorno neurobiológico de origem genética e os fatores ambientais podem interferir na condição comportamental. São alterações químicas cerebrais provocadas por mudanças do código genético e que podem envolver diversas áreas do cérebro; a principal é o córtex pré-frontal. A alteração do funcionamento dessa região provoca problemas no controle das funções executivas do cérebro, responsável pelo planejamento, organização e controle dos impulsos.

É muito importante ressaltar que não existem estudos que relacionem o surgimento do TDAH às dietas, aditivos alimentares, açúcares ou problemas ortomoleculares que justifiquem a necessidade de nutrientes especiais ou vitaminas. Sendo assim, alimentos não causam o TDAH, assim como dietas especiais não são opções de tratamento de um problema comportamental de origem genética.

Didaticamente, gostaria de dividir em quatro conjuntos de fatores causais principais: fatores genéticos, fatores neuroquímicos, complicações da gravidez/parto e fatores sociais.

Fatores genéticos: Muitas crianças com TDAH têm familiares (pais, tios, avós, irmãos) com o mesmo diagnóstico, pois estou falando de um daqueles problemas de saúde que "corre nas famílias", assim como hipertensão arterial e diabetes. Cerca de um terço das crianças com TDAH possuem pais com o mesmo diagnóstico e apresentam entre duas e três vezes mais chances de terem um irmão com o mesmo problema.

Assim, filhos de pais hiperativos possuem maior chance de terem o transtorno, assim como irmãos de

QUAIS SÃO AS CAUSAS?

crianças hiperativas possuem mais chances de apresentarem também o problema.

Fatores neuroquímicos: Pesquisas científicas demonstraram que os cérebros de crianças com TDAH funcionam diferentemente dos de crianças sem o problema. As crianças com o transtorno apresentam um desequilíbrio das substâncias químicas que ajudam o cérebro a regular o comportamento.

Estudos em diferentes centros de excelência nos Estados Unidos, Canadá e Europa associam o surgimento do TDAH a genes ligados a determinados cromossomos, como o gene do receptor e transportador de dopamina, uma das substâncias que realiza a comunicação e transmite informação entre os neurônios do cérebro, também chamada de neurotransmissor.

Essas alterações genéticas provocariam o aporte diminuído do neurotransmissor dopamina. Portanto, a diminuição dessas substâncias nos sistemas atencionais, localizados no córtex pré-frontal do cérebro, região nobre responsável pelo controle da atenção, provocariam os sintomas do TDAH.

Os medicamentos estimulantes utilizados no tratamento agem aumentando essas substâncias, melhorando o aporte desses neurotransmissores nessas regiões cerebrais, facilitando o controle da atenção e diminuindo a hiperatividade.

Complicações da gravidez e do parto: Outra descoberta importante das pesquisas internacionais são as correlações do TDAH com alterações ou agressões ao cérebro fetal durante seu desenvolvimento. Basicamente, pode-se dizer que qualquer alteração no cérebro em desenvolvimento poderia predispor comportamentos relacionados com o transtorno no futuro. Portanto, complicações durante a gravidez ou no parto que causem danos ao cérebro do bebê estão hipoteticamente relacionadas ao TDAH.

Alguns dos principais agentes agressores ao cérebro fetal são a desnutrição materna e o uso de drogas durante a gravidez. Aliás, quando falo em drogas, também me refiro ao consumo de álcool e de cigarro pela gestante. A nicotina é um dos principais fatores de risco para o TDAH, portanto, o fumo durante a gravidez deve ser evitado por diversos motivos, entre eles o risco do nascimento de crianças com comportamento hiperativo e desatento.

Outros fatores de risco são o parto demorado, sofrimento fetal, má saúde materna, baixo peso ao nascimento, infecções do sistema nervoso central, traumatismos, intoxicações e envenenamentos por chumbo, por exemplo.

Fatores sociais: O estilo de criação parental não causa o TDAH, entretanto, alguns estudos científicos suspeitam que crianças criadas em ambientes domésticos caóticos, vítimas de negligência, abandono ou maus tratos poderiam apresentar prejuízo na maturação do sistema nervoso central, interferindo na organização neuronal e na formação desse cérebro em desenvolvimento. Dessa forma, essas alterações cerebrais poderiam levar aos sintomas do TDAH.

Estudos de imagem

Os estudos com neuroimagem utilizando tomógrafos computadorizados ultramodernos estão em estágio preliminar, entretanto, são muito importantes como ferramentas de pesquisa do TDAH. Esses estudos não são conclusivos, mas algumas descobertas podem ser sugestivas do transtorno, como a diminuição do fluxo sanguíneo cerebral e das taxas metabólicas em regiões dos lobos frontais, a diminuição da substância branca e cinzenta da camada cortical do cérebro e a diminuição do volume dos lobos frontais e temporais.

Vale lembrar que esses exames de imagem não são fidedignos para utilização na investigação diagnóstica, apenas em caráter de pesquisa. O diagnóstico correto dependerá de uma boa investigação clínica com a família, com a criança ou adolescente e com a escola.

Estudos neuropsicológicos

Os estudos neuropsicológicos são realizados a partir da aplicação de testes com as crianças e adolescentes com o TDAH. Esses estudos sugerem alterações no córtex pré-frontal e de estruturas subcorticais do cérebro. Prejuízos nos testes de atenção, aquisição e função executiva sugerem também um déficit do comportamento inibitório e de funções executivas responsáveis pela organização, planejamento, manejo do tempo e controle dos impulsos, por exemplo.

Vale lembrar também que as testagens psicológicas não realizam diagnóstico, mas são ferramentas importantes e que podem ajudar o médico durante a avaliação comportamental da criança ou adolescente.

CAPÍTULO 4

EXISTEM TRANSTORNOS ASSOCIADOS?

Portadores do transtorno de déficit de atenção/ hiperatividade apresentam frequentemente comorbidades, isto é, a presença de outros problemas comportamentais associados. Quando presentes, esses transtornos precisam ser tratados concomitantemente, pois podem piorar o funcionamento global da criança ou adolescente com TDAH.

As comorbidades mais comuns em portadores do TDAH são os transtornos disruptivos do comportamento (transtorno de conduta e o transtorno desafiador opositivo), ocorrendo em torno de 30 a 50% dos casos. Os transtornos ansiosos e os problemas de aprendizagem também são frequentes e podem estar presentes em até um terço dos portadores de TDAH.

Outra questão importante são as drogas. Cerca de 20% dos pacientes com TDAH começam a fumar ou desenvolvem problemas relacionados ao alcoolismo e outras drogas na adolescência. Os transtornos do humor, representados pela depressão infantil e pelo transtorno bipolar, também podem estar associados ao TDAH. A avaliação comportamental detalhada, realizada por um médico psiquiatra especialista na infância e adolescência, é essencial para o correto diagnóstico de possíveis comorbidades e para o tratamento dos sintomas.

Trago, a seguir, um resumo dos principais transtornos comportamentais na infância frequentemente associados ao TDAH.

Transtorno desafiador opositivo

O transtorno desafiador opositivo é um dos problemas de comportamento de maior incidência na infância e na adolescência e pode ser definido como um padrão persistente de comportamentos desobedientes, negativistas, hostis e desafiadores observados nas interações sociais da criança com amigos e colegas de escola, além de adultos e figuras de autoridade, como pais, tios, avós, coordenadores escolares e professores.

As principais características do transtorno desafiador opositivo são a perda frequente da paciência, discussões com adultos, desafio, recusa a obedecer solicitações ou regras, perturbação e implicância com as pessoas, podendo responsabilizá-las por seus erros ou mau comportamento. Essa criança se aborrece com facilidade e comumente se apresenta enraivecida, irritada, ressentida e rancorosa.

Quando a criança apresenta o transtorno desafiador opositivo associado ao TDAH, os sintomas de impulsividade se tornam mais graves, elas se comportam de forma mais agressiva e apresentam mais dificuldade nos estudos. Existe também um risco aumentado de uso abusivo de drogas na adolescência.

Transtorno desafiador opositivo na escola

- ❏ Desafia a autoridade de professores e coordenadores.
- ❏ Não aceita ordens.
- ❏ Não realiza os deveres escolares.
- ❏ Discute com professores e colegas.
- ❏ Recusa-se a trabalhar em grupo.

- ❏ Não aceita crítica.
- ❏ Deseja tudo a seu modo.
- ❏ É o "pavio curto" ou o "esquentado" da turma.
- ❏ Perturba outros alunos.
- ❏ Responsabiliza os outros por seu comportamento hostil.

Transtorno de conduta

O transtorno de conduta é outro problema comportamental grave na infância e adolescência. Há conduta agressiva e os direitos básicos alheios, regras e normas sociais são violadas. Trata-se de uma condição mais complicada quando comparada ao transtorno desafiador opositivo.

A violação de regras é o componente marcante desse transtorno. Jovens com transtorno de conduta apresentam comportamento hostil, são agressivos e cruéis com pessoas e animais. Não demonstram sentimento de culpa ou remorso pelos seus atos, são negativistas, desafiadores e podem cometer atos de vandalismo e furtos. Roubos frequentes de brinquedos em lojas ou de objetos pessoais de colegas em sala de aula, além de violência e intimidações contra outros estudantes podem ser observados em quadros iniciais do transtorno de conduta.

Existem transtornos associados?

Abandono e reprovação escolar, fugas de casa, mentiras, consumo de álcool e outras drogas, comportamento sexual de risco e ausência de arrependimento por seus atos também são comuns.

Com frequência apresentam dificuldades em interações sociais, possuem poucos amigos e os sintomas de baixa autoestima, baixa tolerância à frustração, irritabilidade e explosões de raiva estão presentes.

Todos esses fatores culminam em comportamentos delinquentes, brigas em ambiente escolar ou na rua, inclusive com a utilização de armas, como faca, bastão ou arma de fogo, por exemplo.

Transtorno de conduta na escola

- Desempenho escolar fraco.
- Agressividade e ameaças contra professores e alunos.
- Mentiras.
- Brigas corporais.
- Hostilidade com colegas de turma.
- Faltas escolares.
- Destruição de carteiras.
- Roubo de material escolar.
- Consumo de álcool e outras drogas.

Depressão infantil

A depressão é um transtorno comportamental que também acomete crianças e adolescentes. Os principais sintomas são a tristeza, falta de motivação, solidão e humor deprimido, contudo, é comumente observado um humor irritável ou instável. A criança com depressão pode apresentar dificuldade em divertir-se, queixando-se de estar entediada ou "sem nada para fazer" e pode rejeitar o envolvimento com outras crianças, dando preferência a atividades solitárias. A queda do desempenho escolar quase sempre acompanha o transtorno, porque crianças e adolescentes com depressão não conseguem concentrar-se em sala de aula, há perda do interesse pelas atividades, falta de motivação, pensamento lentificado e o resultado disso tudo é observado no boletim escolar.

Dentro da sala de aula ou no recreio, a mudança de comportamento de uma criança que era bem entrosada com o grupo e que passa a isolar-se pode ser sinal de alerta para os professores.

Pensamentos recorrentes de morte, ideias e planejamento de suicídio podem estar presentes em todas as idades, e os atos suicidas tendem a ocorrer com maior frequência entre adolescentes com depressão. Comportamentos de risco durante a adolescência são comuns, entretanto, estes podem se acentuar durante episódios depressivos, como a prática sexual promíscua sem proteção e o abuso de álcool e de outras drogas.

Depressão na escola

- Tristeza.
- Falta de motivação.
- Isolamento em sala de aula e no recreio.
- Fala em ritmo lento, monótona.
- Queixas físicas (dores de cabeça, dores musculares).
- Choro fácil.
- Queda do rendimento escolar.
- Irritabilidade.
- Impulsividade.
- Brigas.
- Pensamentos recorrentes de morte.

Transtorno bipolar do humor

O transtorno bipolar do humor na infância é uma condição comportamental grave que apresenta, como característica principal, a fase maníaca do transtorno com oscilações do humor que pode se apresentar exaltado ou irritável. Essa mudança súbita de humor comumente produz ataques prolongados de raiva, chamado de tempestades comportamentais. As tempestades comportamentais são períodos de muita irritabilidade representados por ataques de fúria, impulsividade, instabilidade emocional, normalmente envolvendo brigas violentas com colegas e familiares.

Outros sintomas comumente presentes são o conflito de ideias, insônia, afeto inapropriado, excitabilidade, fala acelerada e agitação psicomotora. Também podem ocorrer fases ou períodos de depressão, quando a criança apresentará os sintomas da depressão infantil.

No colégio é observado piora no desempenho, acompanhado de grande dificuldade de concentração, hiperatividade, agressividade, autoestima aumentada, hipersexualidade, presença de piadas e diálogos de caráter sexual ou desejos de realização do ato ocorrendo com grande inadequação na maneira de agir e pensar. Pensamentos mágicos com ideias de grandeza, riqueza e poder podem estar presentes também.

Vale ressaltar que a Associação Psiquiátrica Americana (que publicará nos próximos anos a quinta edição do Manual Diagnóstico e Estatístico dos Transtornos Mentais) orienta que o diagnóstico de transtorno bipolar do humor na infância seja realizado apenas se um episódio claro e rico em sintomas tenha sido identificado. Caso contrário, a orientação é que seja dado o diagnóstico de transtorno da desregulação do temperamento.

Transtorno bipolar na escola

- ☐ Grandiosidade.
- ☐ Fala acelerada.
- ☐ Distração.
- ☐ Agitação e inquietação.
- ☐ Mudanças súbitas de humor.
- ☐ Autoestima aumentada.
- ☐ Necessidade de "aparecer e ser o centro das atenções".
- ☐ Irritabilidade.
- ☐ Agressividade e acessos de raiva.
- ☐ Hipersexualidade.

Transtorno de ansiedade generalizada

O transtorno de ansiedade generalizada é caracterizado por excessiva preocupação, ansiedade e intensa dificuldade para controlá-la. Essas crianças encontram-se frequentemente preocupadas com múltiplos assuntos, como se o mundo fosse repleto de perigos e problemas, superestimam situações problemáticas, são negativistas e parecem sempre aguardar eventos catastróficos.

Essas preocupações causam problemas sociais, acadêmicos e ocupacionais nesses portadores. O transtorno está relacionado também a sentimentos de apreensão e dúvida, cansaço, fadiga, tensão muscular, distúrbios do sono, dificuldade de concentração e irritabilidade.

Crianças com transtorno de ansiedade generalizada apresentam grande preocupação com eventos futuros, como festas e encontros com colegas de escola, ou medos relacionados com a possibilidade de rejeição pelo grupo escolar, por exemplo.

Transtorno de ansiedade generalizada na escola

- Excessiva preocupação.
- Medos.
- Ansiedade.
- Dificuldade de concentração.
- Irritabilidade.
- Tensão muscular.

Dislexia

A dislexia é um transtorno específico da leitura, caracterizado por dificuldades de reconhecimento de letras e soletração de palavras. Tais alterações são decorrentes

Existem transtornos associados?

de um comprometimento no desenvolvimento de habilidades fonológicas.

A dislexia causa uma grande dificuldade na leitura e problemas na escrita. Essas dificuldades provocarão prejuízos desde a alfabetização até a idade adulta e por isso merecem atenção especial de educadores e dos pais. O transtorno afeta aproximadamente 3 a 4% das crianças em idade escolar e acomete mais meninos do que meninas.

O dislexo tem dificuldade para analisar conteúdos e pode apresentar uma leitura lenta, dificuldade de ler legendas no cinema, por exemplo, ou para entender enunciados e frases, aprender outros idiomas e escrever. Pode apresentar inversões, trocas ou omissões de letras durante a elaboração de textos e erros de concordância verbal.

Algumas dificuldades básicas frequentemente observadas em crianças com dislexia são a leitura lenta, com pouca entonação de voz, monossilábica, tropeços na leitura de palavras longas, tentativa de adivinhação de palavras, e muitas vezes existe a necessidade do uso do contexto para entender o que está sendo lido.

Dislexia na escola

❏ Dificuldade de alfabetização.

- ❏ Dificuldade para separar e sequenciar sons e palavras.
- ❏ Dificuldade para aprender a ler, escrever e soletrar.
- ❏ Dificuldade em copiar do quadro.
- ❏ Nível de leitura abaixo do esperado para sua série.
- ❏ Dificuldade com enunciados nas provas.
- ❏ Dificuldade para aprender outros idiomas.
- ❏ Leitura vagarosa e com erros.

Drogas

Vários estudos associam o TDAH ao uso de drogas na adolescência. Para se ter uma ideia, algumas pesquisas internacionais revelam que entre 20 e 40% dos pacientes alcoólatras ou usuários de cocaína apresentam um histórico de TDAH na infância.

A adolescência por si só é um grande fator de risco para o consumo de drogas. Trata-se de uma fase de grandes modificações físicas e comportamentais em que o jovem tenta construir sua própria identidade, sua personalidade, e não aceita mais passivamente ordens e orientações de seus pais, identifica-se mais com o grupo de amigos e está mais apto a novas experiências, novos riscos e desafios.

Existem transtornos associados?

Tais fatores de risco aplicam-se a todos os jovens, entretanto, adolescentes com o diagnóstico de TDAH experimentam drogas mais precocemente, usam-nas em maior quantidade, tornam-se mais dependentes e demoram mais tempo para buscar tratamento.

Esses fatos estariam relacionados a uma tendência maior de automedicação realizada por esses pacientes, na busca por alívio dos sintomas de inquietação motora, hiperatividade e agitação que o TDAH causa.

Outras comorbidades comuns ao TDAH também podem influenciar no desencadeamento do uso de álcool e drogas, como o transtorno desafiador opositivo e o transtorno de conduta. Logo, a investigação de quadros associados ao TDAH também deve ser realizada para fins terapêuticos e de prognóstico, pois comorbidades produzem maior dificuldade de adesão ao tratamento, além de influenciar no curso do transtorno com aumento das chances do envolvimento com drogas durante a adolescência.

Dessa forma, o trabalho de identificação precoce do TDAH e de seus transtornos associados em crianças pode ser uma medida importante na prevenção ao uso de drogas na adolescência. Não que o tratamento do TDAH e de suas comorbidades impeça o desencadeamento do uso de drogas, visto que esse uso depende de diversos outros fatores, como descrito anteriormente, entretanto, pode diminuir consideravelmente as chances desse jovem se tornar um alcoólatra ou dependente de outras drogas.

Drogas na escola

- ❑ Diminuição do juízo crítico.
- ❑ Diminuição da coordenação motora.
- ❑ Diminuição da capacidade de tomar decisões.
- ❑ Diminuição do tempo de reação a estímulos.
- ❑ Diminuição da atenção, concentração e memória.
- ❑ Confusão mental.

CAPÍTULO 5

COMO SE FAZ O DIAGNÓSTICO?

O diagnóstico é uma questão muito importante, pois comumente deparo com crianças e adolescentes erroneamente diagnosticados com o transtorno de déficit de atenção/hiperatividade.

Um dos motivos desses erros é pelo fato de que o termo TDAH se popularizou nos últimos anos. Sendo assim, muitos profissionais não especialistas passaram a "diagnosticar" o transtorno das mais variadas formas, seja através da utilização de exames, como o eletroencefalograma, através de exames laboratoriais ou por estudos de imagem cerebral, como a ressonância magnética ou tomografia computadorizada. Outra estratégia errada, mas também comumente utilizada, é a simples aplicação de *checklists* ou escalas padronizadas para o transtorno.

Portanto, é muito importante dizer que não existem exames laboratoriais ou de imagem que realizem o diagnóstico. Exames de eletroencefalograma, tomografia computadorizada, ressonância magnética, dosagens sanguíneas de serotonina ou noradrenalina não fazem diagnóstico do transtorno de déficit de atenção/hiperatividade.

Na verdade, o diagnóstico do TDAH é essencialmente clínico. Quando estou avaliando uma criança, costumo fazer a seguinte pergunta:

– Você sabe o que um detetive faz?

E quase sempre as crianças respondem:

– Ele faz perguntas, investiga o caso!

Bem, é exatamente esse meu trabalho, um trabalho de detetive! Um estudo investigativo em que tento obter o máximo de informações sobre aquela criança ou adolescente. Quanto mais informações eu tenho, maiores serão as chances de realizar uma boa investigação clínica e de acertar o diagnóstico, consequentemente, menores serão as chances de que eu cometa erros.

Essa investigação de "detetive" deverá envolver um estudo clínico detalhado, uma avaliação comporta-

Como se faz o diagnóstico?

mental completa, que divido basicamente em cinco etapas: avaliação com pais ou responsáveis, avaliação da escola, avaliações complementares, aplicação complementar de escalas padronizadas para o TDAH e avaliação da criança/adolescente.

ETAPA I: Avaliação com pais ou responsáveis

No primeiro momento, uma entrevista com os pais deve ser realizada sem a presença da criança para que os responsáveis tenham a liberdade de expor suas queixas, preocupações, angústias e dúvidas. Muitas vezes os pais se sentem inibidos de relatar os conflitos domésticos, situações problemáticas ou acontecimentos recentes na presença do filho ou filha, sendo assim, o melhor será não expor a criança.

A avaliação com os pais deve abranger uma história detalhada de todo o desenvolvimento da criança ou adolescente, desde a história gestacional da mãe.

A identificação de possíveis problemas de saúde da mãe durante o período gestacional, assim como o uso de medicamentos, álcool, tabaco e outras drogas pela gestante, além de informações sobre o parto e as condições da criança no momento do nascimento são muito importantes, visto que alterações nesse período de desenvolvimento podem estar associadas a problemas comportamentais da infância.

A história do desenvolvimento do bebê, o acompanhamento pediátrico e marcos do desenvolvimento motor, como a idade em que a criança começou a andar e a falar, por exemplo, são também documentados.

A queixa principal dos pais deve ser estudada. O que motivou a busca por ajuda médica? Qual é o principal motivo da avaliação? Quais são os sintomas, as queixas, os prejuízos acadêmicos e sociais? Quais são suas principais preocupações e angústias?

ETAPA II: Avaliação da escola

Na segunda etapa da investigação diagnóstica, será solicitada uma avaliação escolar, pois é o local onde o paciente passa a maior parte do tempo, sob os olhares atentos dos professores e coordenadores pedagógicos. Além disso, muitas vezes o aluno fica mais tempo com os professores do que com os pais. Dessa forma, a avaliação escolar será uma ferramenta importantíssima para um bom diagnóstico.

O objetivo da avaliação escolar é obter o máximo de informações sobre o estudante. Sendo assim, o professor deve se sentir à vontade para dizer tudo aquilo que julgar importante. Logo, a avaliação escrita e dissertativa é a melhor opção.

Essa avaliação deve envolver aspectos acadêmicos e sociais do estudante, desde o momento de sua chegada à escola até o momento de sua partida. A ideia é conhecer o jovem sob a ótica do educador. Quem é esse aluno? Onde ele se senta em sala? Quem são seus amigos? Ele é bem aceito pelo grupo? É excluído? Tímido? Extrovertido? Agressivo? Educado? Como ele chega à escola? Como se comporta em sala de aula? E no recreio? Fica sozinho? Fica com o grupo? Possui amigos? É líder? É agredido pelos colegas?

Quanto mais informação, melhor será a avaliação comportamental desse estudante. Será como se tivéssemos um raio X do comportamento do aluno na escola.

ETAPA III: Avaliações complementares

Outras avaliações podem ser solicitadas, caso o jovem esteja em acompanhamento de outros profissionais, como por exemplo: psicólogo, fonoaudiólogo, professor do futebol, professor da natação, professor do judô, arteterapeuta, psicopedagogo, professores particulares, entre outros. Esses profissionais podem oferecer informações muito valiosas para complementar a avaliação comportamental.

Escalas de avaliação padronizadas para pais e professores sob o formato de *checklists* ou múltiplas escolhas podem ser utilizadas também, entretanto, muitas delas se mostram pouco fidedignas para avaliar o comportamento da criança, pois nem sempre a alternativa existente corresponde exatamente ao que o professor observa no comportamento da criança, por exemplo. Como descrito anteriormente, uma avaliação escrita e dissertativa, em que o profissional possui total liberdade para expressar suas observações pode ser a estratégia mais interessante.

Em outros casos, familiares, amigos e vizinhos, por exemplo, podem oferecer dados importantes e assim contribuir na investigação clínica. Lembro-me de um episódio em que a mãe de um paciente, o pequeno Dennis, no momento da primeira consulta me informou que o "tio da van" precisava falar comigo. Achei muito interessante o fato de o motorista do transporte escolar querer conversar com o médico. Com certeza, havia alguma informação que a mãe não sabia, nem o pai, nem a escola. Algo que só ocorria durante o transporte escolar, portanto, em que apenas o "tio da van" poderia me ajudar! E assim foi feito, conversei com ele e obtive dados enriquecedores para a avaliação do pequeno Dennis.

Como se faz o diagnóstico?

ETAPA IV: Aplicação complementar de escalas padronizadas para o TDAH

Segundo a Academia Americana de Psiquiatria da Infância e da Adolescência, a Associação Psiquiátrica Americana e a Organização Mundial de Saúde, são utilizados critérios diagnósticos padronizados para auxiliar na investigação dos sintomas do TDAH. Esses sintomas são basicamente divididos em dois grupos: sintomas de desatenção e sintomas de hiperatividade/impulsividade.

Os sintomas apresentados a seguir fazem parte do questionário SNAP IV, que foi elaborado a partir dos sintomas do Manual Diagnóstico e Estatístico de Transtornos Mentais, em sua quarta edição (DSM-IV), publicado pela Associação Psiquiátrica Americana, em 1994. Vale lembrar mais uma vez que a aplicação isolada desse questionário não é suficiente para realizar o diagnóstico, entretanto, pode ser mais uma valiosa ferramenta investigativa para auxiliar na identificação de sintomas do TDAH.

A criança ou adolescente frequentemente:

- ❑ Deixa de prestar atenção aos detalhes ou comete erros por descuido em atividades escolares, de trabalho ou em outras tarefas.

- ❏ Tem dificuldades para manter a atenção em tarefas ou atividades lúdicas.
- ❏ Parece não escutar quando lhe dirigem a palavra.
- ❏ Não segue instruções e não termina os deveres escolares, tarefas domésticas ou deveres profissionais (não devido a comportamento de oposição ou incapacidade de compreender instruções).
- ❏ Tem dificuldade para organizar tarefas e atividades.
- ❏ Evita, antipatiza ou reluta em envolver-se em atividades que exijam esforço mental constante (como tarefas escolares ou deveres de casa).
- ❏ Perde coisas necessárias para tarefas ou atividades (brinquedos, deveres escolares, lápis, livros ou outros materiais).
- ❏ É facilmente distraído por estímulos alheios à tarefa.
- ❏ Apresenta esquecimento em atividades diárias.
- ❏ Agita as mãos ou os pés ou se remexe na cadeira.
- ❏ Abandona a cadeira em sala de aula ou em outras situações nas quais se espera que permaneça sentado.
- ❏ Corre ou escala em demasia, em situações nas quais isso é inapropriado (em adolescentes e adultos pode estar limitado a sensações subjetivas de inquietação).

COMO SE FAZ O DIAGNÓSTICO?

- ❏ Tem dificuldade para brincar ou para se envolver silenciosamente em atividades de lazer.
- ❏ "Indo a mil" ou age como se estivesse "a todo vapor".
- ❏ Fala em demasia.
- ❏ Dá respostas precipitadas antes de as perguntas terem sido completadas.
- ❏ Tem dificuldade de aguardar sua vez.
- ❏ Interrompe ou se mete em assuntos de outros, em conversas ou brincadeiras.

ETAPA V: Avaliação da criança/adolescente

Nesse momento, contando com um conjunto de informações oferecidas pelos pais ou responsáveis, pela escola, pelos demais profissionais e pelas escalas padronizadas, a criança ou adolescente será avaliada.

Sua capacidade e habilidade de comunicação, interação social, atenção, memória, pensamento, inteligência, linguagem, afetividade e humor serão investigados.

O objetivo final da avaliação comportamental infantil será identificar possíveis transtornos comportamentais, entre eles o TDAH, assim como investigar outras condições ambientais e problemas domésticos, por exemplo, que poderiam estar interferindo negativamente na vida e no desenvolvimento acadêmico e social da criança ou adolescente.

Questões importantes

Os próximos parágrafos descrevem questões importantes relacionadas com a avaliação e o diagnóstico do transtorno de déficit de atenção/hiperatividade.

Um ponto fundamental relacionado ao diagnóstico do TDAH é a incidência dos sintomas. Para se fazer o diagnóstico, os sintomas devem estar presentes frequentemente, pois é claro que de vez em quando será natural que crianças, adolescentes ou adultos tenham algumas dessas características.

Uma vez que as causas do TDAH estão relacionadas a fatores genéticos e biológicos, podemos concluir também que ninguém se transforma em portador de TDAH. Quem apresenta esse diagnóstico, nasce com ele. Logo, as pessoas que possuem o TDAH devem apresentar alguns desses sintomas durante a infância.

Outra informação importante para se fazer o diagnóstico é a identificação de prejuízos em dois ou mais

COMO SE FAZ O DIAGNÓSTICO?

contextos. A identificação de sintomas apenas na escola ou apenas em casa, por exemplo, pode esconder outros problemas comportamentais que não o TDAH. Seria como se existisse alguém com hipertensão arterial ou diabetes apenas no local de trabalho, por exemplo. Ora, quem é hipertenso apresentará hipertensão arterial em casa, no trabalho, no clube etc. Assim também ocorrerá com a sintomatologia de uma pessoa com TDAH.

Outro aspecto que pode aparecer durante a avaliação é a identificação da chamada atenção seletiva. Comumente me deparo com pais que afirmam: "Ah, meu filho não tem TDAH; no videogame ele é o melhor, a concentração é extraordinária, ele fica horas atento ao computador também. Essa desatenção na escola é malandragem."

Muitas crianças com TDAH conseguem ficar atentos ao videogame e ao computador, por exemplo, pois são atividades prazerosas, estimulantes para elas. É o que chamamos de atenção seletiva. O problema é que na escola, no dever de casa ou nos estudos, essas crianças e adolescentes não conseguem sustentar a atenção por muito tempo; a atividade escolar é desestimulante e considerada chata.

Outros diagnósticos podem simular os sintomas do TDAH e também devem ser afastados durante a avaliação. Às vezes deparamos com crianças com sintomas de desatenção e hiperatividade, mas que apresentam outra causa para essa sintomatologia. Como exemplo clássico disso, temos crianças com o diagnóstico de retardo mental leve ou autismo infantil. Apesar de apresentarem sintomas de desatenção, hiperatividade e impulsividade, as causas desses sintomas são outras e o enfoque do tratamento também.

Durante o processo de avaliação comportamental, costumamos identificar perfis distintos entre os portadores de TDAH. O mais comum é a identificação de crianças e adolescentes com uma mistura de sintomas de desatenção e hiperatividade. Esses pacientes apresentam maior prejuízo no funcionamento global, ocorrendo grandes prejuízos acadêmicos e sociais — um dos principais motivos de encaminhamento aos serviços de psiquiatria da infância e adolescência.

Outro perfil de portadores são aqueles mais hiperativos e impulsivos e com poucos sintomas de desatenção. Crianças com esse diagnóstico tendem a ser mais agressivas e com maiores taxas de rejeição entre os colegas por serem mais agitadas, inquietas e com baixo limiar de frustração.

Como se faz o diagnóstico?

Um terceiro grupo de crianças portadoras de TDAH apresenta um predomínio de sintomas de desatenção e poucos sintomas de hiperatividade/impulsividade. Trata-se do tipo mais comum no sexo feminino e os portadores apresentam muitos prejuízos acadêmicos.

São crianças desorganizadas, esquecidas, facilmente distraídas, que cometem erros por descuido, não copiam nem executam o dever. Temos de prestar muita atenção a essas crianças, pois muitas vezes elas são rotuladas como "burrinhas" ou "lentas", por exemplo. Na verdade, elas têm um grave transtorno comportamental, mas por não apresentar hiperatividade, os sintomas podem passar despercebidos e a busca por tratamento pode levar muito tempo para ocorrer. Veja o caso clínico a seguir.

Caso clínico

Fernanda é uma criança de 9 anos, aluna do quarto ano do ensino fundamental de uma escola particular do Rio de Janeiro, que atendo no consultório. Apesar de sentar na primeira carteira, próxima à professora, ela estava sempre atrasada na cópia do quadro e apresentava um desempenho acadêmico muito ruim.

Desatentos e Hiperativos

O comportamento de Fernanda era considerado normal, sempre calma, nunca conversava durante as explicações da professora e parecia estar atenta às suas orientações. Entretanto, as notas baixas, os trabalhos incompletos e a dificuldade para completar deveres escolares eram queixas frequentes da professora, que a considerava lenta e imatura. Fernanda era também chamada constantemente de "burrinha" por algumas colegas de sala.

A mãe procurou minha ajuda e iniciamos uma avaliação cuidadosa da pequena Fernanda. Ela apresentava baixa autoestima, estava triste e se considerava incapaz de acompanhar os colegas, pois dizia que apesar de se esforçar muito as notas eram sempre ruins. "Tio, sou muito burra!", desabafou Fernanda durante uma das consultas.

Entrevistei a família, os professores e pude eliminar questões como a deficiência visual e auditiva com avaliações complementares.

Após detalhada investigação, pude concluir que a pequena Fernanda não apresentava problemas específicos de aprendizagem ou de inteligência; ela é portadora do transtorno de déficit de atenção/hiperatividade com predomínio de sintomas de desatenção.

Como se faz o diagnóstico?

Após diagnóstico correto, Fernanda iniciou o tratamento e teve uma melhora acadêmica significativa. O relacionamento social melhorou muito na escola, assim como sua autoestima.

CAPÍTULO 6

QUAIS SÃO AS CONSEQUÊNCIAS?

O transtorno de déficit de atenção/hiperatividade é crônico, isso significa que uma criança diagnosticada com TDAH poderá apresentar sintomas e prejuízos por toda a vida.

Diversos estudos e pesquisas científicas se propõem a estudar os efeitos do transtorno de déficit de atenção/hiperatividade na vida dos portadores ao longo do tempo e as consequências são muito graves, principalmente nos casos não tratados.

Crianças com TDAH apresentam uma série de prejuízos no decorrer dos anos. Inicialmente podemos observar uma dificuldade nos relacionamentos sociais. São crianças na educação infantil, entre 3 e 6 anos de idade, com dificuldade para se concentrar, para brincar sozinhas ou com outras crianças. Podem ser agitadas, inquietas e impacientes. Além disso, são impulsivas e constantemente se envolvem em brigas e conflitos com coleguinhas de sala de aula.

Os prejuízos acadêmicos já podem ser percebidos, entretanto, devido ao conteúdo acadêmico mais reduzido, quando comparado ao ensino fundamental, a observação de problemas de comportamento e de relacionamento social fica mais evidente nessa faixa etária.

A partir dos 7 anos de idade, a criança já está no ensino fundamental e os problemas acadêmicos começam a ficar mais evidentes. Devido aos sintomas de desatenção e hiperatividade, ela irá apresentar dificuldade para prestar atenção à professora.

O baixo rendimento escolar ocorrerá e a criança poderá apresentar dificuldade para acompanhar a turma, sendo muitas vezes até reprovada. Os problemas com a autoestima tendem a se intensificar, principalmente se o aluno já apresentar dificuldades nos relacionamentos e interações sociais com outras crianças.

Sintomas de tristeza, falta de motivação e de interesse nos estudos podem favorecer o abandono escolar de muitas crianças portadoras de TDAH, além de facilitar

QUAIS SÃO AS CONSEQUÊNCIAS?

o desencadeamento de episódios depressivos graves durante a adolescência.

Além de depressão, existe um risco aumentado de desenvolverem problemas comportamentais como transtornos ansiosos, transtornos de conduta e problemas relacionados com o abuso de álcool e de outras drogas.

Dessa forma, o baixo rendimento acadêmico associado às dificuldades de relacionamento favorecerá o aumento dos índices de suspensões escolares, reprovações, expulsões, mudanças de colégio e abandono escolar.

Estudos científicos também mostram que adolescentes com TDAH apresentam taxas mais elevadas de acidentes domésticos, quando comparados com jovens sem o transtorno. Esse fato é explicado pelo conjunto de dificuldades enfrentado por esses pacientes quando o assunto é o controle da atenção e da impulsividade. Existe também uma incidência maior de agressividade, problemas de conduta, comportamento delinquente e criminoso entre esses adolescentes.

Outra consequência desastrosa provocada pelos sintomas de impulsividade são as incidências maiores de acidentes de trânsito, multas por excesso de velocidade, comportamento sexual de risco e gravidez na adolescência.

Possivelmente esses jovens se tornarão adultos inseguros, pouco habilidosos socialmente, com menos anos de educação, trabalhando nos piores empregos, sendo mal remunerados e com dificuldades de serem absorvidos pelo mercado de trabalho. Portanto, existem índices mais elevados de desemprego entre adultos portadores de TDAH.

Os estudos também revelam que adultos com TDAH possuem uma maior incidência de comportamento agressivo, uso de drogas, criminalidade, dificuldades nos relacionamentos de trabalho e nas relações amorosas, com maior probabilidade desse adulto se divorciar ou de apresentar filhos fora do casamento.

TDAH na escola

- ❑ Dificuldade para aprender.
- ❑ Dificuldade para estudar.
- ❑ Dificuldade para realizar exercícios ou provas.
- ❑ Notas baixas.
- ❑ Reprovação escolar.
- ❑ Abandono escolar.
- ❑ Brigas e conflitos com pais, professores e amigos.
- ❑ Dificuldade para fazer e manter amizades.
- ❑ Aumento do estresse.
- ❑ Impulsividade.
- ❑ Problemas com álcool e outras drogas.

CAPÍTULO 7

COMO É O TRATAMENTO DO TDAH?

A Associação Americana de Pediatria afirma que o objetivo primário do tratamento do transtorno de déficit de atenção/hiperatividade é melhorar o funcionamento da criança, em todas as áreas de sua vida, portanto, o progresso do tratamento deve ser medido pela melhoria no relacionamento com os pais, irmãos, professores e amigos; pela diminuição do comportamento opositivo e desafiador; pelo progresso acadêmico, através do aumento da capacidade de concentração, diminuição da inquietação, da agitação e do comportamento hiperativo. Outro aspecto relativo ao sucesso terapêutico será o aumento da independência nos cuidados pessoais.

Consequentemente, com a melhoria nos aspectos sociais e acadêmicos, devemos observar também uma grande melhora na autoestima da criança ou adolescente com TDAH.

Vale a pena ressaltar também que, uma vez que estamos falando de um transtorno comportamental de origem genética, muitas vezes podemos nos deparar com pais com o mesmo diagnóstico do filho. Portanto, o tratamento de pais portadores de transtorno de déficit de atenção/hiperatividade também é muito importante para o sucesso terapêutico da criança ou adolescente.

Além disso, questões familiares, como conflitos e brigas entre os pais, abuso de álcool e de outras drogas ou problemas psicológicos, devem ser concomitantemente tratados para favorecer a criança com TDAH.

Didaticamente, dividi o tratamento do transtorno de déficit de atenção/hiperatividade em cinco capítulos. Cada um apresenta intervenções importantíssimas para o sucesso terapêutico: o medicamento, o tratamento psicológico, o tratamento psicoeducacional, o guia dos pais e o guia dos professores.

CAPÍTULO 8

Tratamento medicamentoso

O tratamento com medicamentos para o TDAH é a intervenção mais estudada na medicina do comportamento infantil. Apesar da existência de inúmeras pesquisas científicas comprovando a eficiência, a segurança e a necessidade do uso de medicamentos para o tratamento do TDAH, até cerca de dez anos atrás existia muita polêmica com relação ao melhor tratamento para o transtorno. Para esclarecer essa dúvida, um grande estudo denominado MTA foi realizado nos Estados Unidos.

O que é o estudo MTA?

O estudo MTA (The Multimodal Treatment Study of Children with ADHD) ou Estudo Multimodal de Tratamento de Crianças com TDAH foi uma pesquisa realizada em seis centros de pesquisa e envolveu inicialmente 579 crianças escolhidas aleatoriamente em quatro braços de pesquisa. O objetivo do estudo era determinar qual seria a melhor estratégia de tratamento.

Um grupo de crianças receberia apenas o medicamento estimulante como forma de tratamento. Um segundo grupo receberia apenas o acompanhamento psicoterapêutico comportamental. Um terceiro grupo receberia medicamento e acompanhamento psicoterapêutico comportamental e o quarto grupo receberia o chamado tratamento comunitário. Nesse último, as crianças eram acompanhadas por médicos não especialistas e normalmente recebiam dosagens de medicamentos consideradas baixas pelos pesquisadores, além de não receberem informações psicoeducativas sobre o transtorno.

Os primeiros resultados publicados há dez anos revelaram que todas as crianças apresentaram alguma melhora nos sintomas, entretanto, o tratamento medicamentoso se mostrou mais eficaz quando comparados às outras opções terapêuticas. Além disso, uma análise posterior, após dois anos do início do estudo, identificou que os pacientes medicados continuavam apresentando melhores resultados quando comparados aos outros grupos.

Os resultados do estudo MTA não desqualificam as outras estratégias de tratamento, mas apontam a medicação como o principal tratamento para o transtorno de déficit de atenção/hiperatividade. O estudo valoriza também a importância do tratamento em conjunto com a utilização de técnicas comportamentais e medidas psicoeducativas.

Sendo assim, o tratamento do TDAH deve envolver uma abordagem multidisciplinar associando o uso de medicamentos a intervenções psicoeducativas e psicoterápicas.

Os medicamentos são conhecidos há muito tempo?

A medicação recomendada para o TDAH são os estimulantes. E o primeiro relato sobre a utilização desses fármacos para o tratamento clínico de crianças com hiperatividade foi em 1937, quando o médico americano Dr. Charles Bradley publicou um artigo em Providence, Estado de Rhode Island, descrevendo um grupo de crianças hiperativas que melhoraram a sintomatologia após a utilização do estimulante Benzedrine. O metilfenidato, primeiro medicamento estimulante com a indicação para tratamento do TDAH no Brasil, foi desenvolvido em 1950, entretanto, apenas em 1957 começou a ser comercializado para tratamento da hiperatividade.

Portanto, os medicamentos em uso para esse tratamento existem há mais de sessenta anos, tendo sido exaustivamente pesquisados durante as últimas décadas em mais de duzentos estudos controlados nos Estados Unidos e na Europa. Dessa forma, posso afirmar que essas pesquisas comprovam a eficácia terapêutica, além da segurança e da tolerabilidade de seus efeitos para uso em crianças e adolescentes.

Além dos medicamentos estimulantes, outros fármacos são considerados no tratamento do TDAH, como os antidepressivos inibidores seletivos da recaptação de serotonina e os antidepressivos tricíclicos, entretanto, os resultados terapêuticos não são tão satisfatórios como os alcançados pelos estimulantes, e raramente são utilizados.

Como o medicamento funciona?

O medicamento estimulante é rapidamente absorvido após a ingestão oral e age diretamente no cérebro, aumentando as concentrações de dopamina e noradrenalina, duas substâncias chamadas também de neurotransmissores e que estão diminuídas no cérebro de portadores de TDAH. O aumento da concentração dessas substâncias no cérebro promove uma ação estimulatória do córtex pré-frontal, região do cérebro responsável pelas funções executivas e que não funciona corretamente nos portadores de TDAH. A medicação provocará uma melhoria na capacidade motora, no processamento de informações e na percepção de estímulos externos.

O medicamento tem um início de ação rápido, e cerca de 30 minutos após a administração o portador de TDAH já é capaz de perceber os efeitos da substância: melhoria da capacidade atencional, diminuição do comportamento hiperativo, diminuição da inquietação e da agitação.

Quais são os principais mitos sobre a medicação?

Um mito importante que deve ser desfeito com relação aos estimulantes é de que eles poderiam causar dependência. Para que uma substância cause dependência, normalmente identificamos dois fenômenos denominados tolerância e síndrome de abstinência.

A tolerância é um fenômeno químico em que, após uso frequente da droga, o usuário necessita de doses maiores para obter as sensações prazerosas que sentia inicialmente com uma dosagem inferior. Seria como o alcoólatra, que na adolescência se sentia embriagado com apenas um copo de cerveja e hoje, muitos anos depois, precisa de quatro garrafas para se sentir bêbado. Bem, no caso dos estimulantes, não há tolerância. Isso significa que uma vez encontrada a dose ideal para a melhoria dos sintomas do TDAH, essa dosagem será a mesma ou muito próxima disso no decorrer do tempo.

A síndrome de abstinência é caracterizada pela experimentação de sintomas e sensações de desconforto psicológico e fisiológico devido à ausência da substância no organismo. Essa síndrome não ocorre com o uso desse medicamento, fato que possibilita que uma grande parcela dos portadores de TDAH não tome o remédio durante fins de semana ou férias escolares, por exemplo. A síndrome de abstinência encontrada nos usuários de drogas pode vir acompanhada também da fissura ou *craving*, fenômeno que compreende sensações de forte desejo pela busca e uso da droga, normalmente acompanhado de ansiedade. Da mesma forma, a fissura ou *craving* são fenômenos inexistentes com o uso de estimulantes.

Tratamento medicamentoso

Portanto, pais e professores não devem ficar preocupados com a dependência da medicação, pois isso não passa de um grande mito, sem respaldo científico algum. A medicação para tratamento do TDAH se mostra eficiente, segura, bem tolerada e sem qualquer risco de dependência aos portadores de transtorno de déficit de atenção/hiperatividade.

Outro mito importante é de que a medicação deverá ser utilizada para sempre pela criança ou adolescente. Essa informação não é correta. A ideia da medicação é promover a melhoria da sintomatologia provocada pelo TDAH, proporcionando melhor qualidade de vida e diminuindo o sofrimento do paciente e da família.

Durante o processo terapêutico, a família, a escola e o próprio paciente devem aprender técnicas comportamentais, estratégias de estudo e de controle do comportamento para aprender a lidar com o TDAH. No decorrer do tempo, essa aprendizagem permitirá a interrupção da medicação e o médico psiquiatra da infância e adolescência saberá o momento certo de interromper o uso.

Posso dizer que, atualmente, o que é recomendado pelas principais associações médicas e centros de pesquisas internacionais é fazer o uso da medicação durante todo o ano letivo, pois normalmente as crianças e adolescentes chegam ao consultório ou ambulatórios médicos com uma história de prejuízos acadêmicos intensos. No início do ano letivo seguinte, esse paciente será reavaliado para averiguar a necessidade de continuar com a medicação.

Quais são os principais efeitos colaterais da medicação?

Os principais efeitos colaterais desses medicamentos estão relacionados com a diminuição do apetite. Vale lembrar que esses efeitos são sentidos em uma parcela pequena de pacientes e normalmente acontecem apenas nas primeiras semanas de uso.

Uma estratégia interessante para evitar esse problema é a administração do medicamento junto ou logo após as refeições. Dessa forma, a diminuição do apetite não irá ocorrer. Entretanto, em alguns casos a ajuda de uma nutricionista pode ser de grande valia para não permitir a perda de peso.

Outro efeito colateral que pode ocorrer é a insônia, entretanto, esse efeito ocorre apenas naqueles portadores que fazem o uso da medicação à noite. Uma vez que o medicamento seja administrado durante o dia, esse efeito colateral dificilmente ocorrerá, pois no período noturno o medicamento já deixou de agir no organismo da criança ou adolescente.

Tratamento medicamentoso

Existem tratamentos alternativos disponíveis?

Ultimamente, temos observado na mídia uma série de tentativas de tratamento para o TDAH utilizando métodos alternativos que não envolvam a medicação, como homeopatia, dietas, suplementos e vitaminas. Infelizmente, devo dizer de forma enfática que até hoje não há nenhum estudo científico que comprove a eficácia de tais métodos terapêuticos.

Sendo assim, utilizar fórmulas homeopáticas, retirar o açúcar e aditivos alimentares da dieta ou, ainda, acrescentar suplementos e vitaminas à alimentação não provocarão benefícios aos portadores do transtorno de déficit de atenção/hiperatividade.

Portanto, expor crianças e adolescentes a tratamentos alternativos desprovidos de evidências científicas e fomentar falsas crenças terapêuticas é um absurdo. Privar esse paciente de ser corretamente medicado, se beneficiando de um tratamento médico ético, seguro, moderno e respaldado cientificamente, se mostra um grande contrassenso e um desrespeito ao portador de TDAH e seus familiares.

CAPÍTULO 9

TRATAMENTO PSICOLÓGICO

A terapia cognitivo-comportamental abrange as principais técnicas terapêuticas utilizadas para o tratamento do transtorno de déficit de atenção/hiperatividade. A eficácia de suas técnicas é comprovada por estudos e pesquisas internacionais.

Um dos focos principais na terapia cognitivo-comportamental será a busca pela melhoria dos problemas relacionados com as funções executivas do cérebro. Função executiva é um conceito neuropsicológico que se aplica ao processo cognitivo responsável pelo planejamento e execução de atividades, incluindo iniciação de tarefas, memória de trabalho, atenção sustentada e inibição de impulsos, por exemplo.

O córtex pré-frontal é a principal região cerebral responsável pelas funções executivas, que são desenvolvidas principalmente nos primeiros anos de vida. Quando há falhas dessas funções, frequentemente irão aparecer problemas envolvendo planejamento, organização, manejo do tempo, memória e controle das emoções, características de portadores de TDAH. Portanto, o TDAH é um transtorno das funções executivas do cérebro e que acaba por comprometer o controle inibitório do organismo.

As funções executivas serão muito importantes nos momentos em que crianças e adolescentes precisam planejar e executar as mais diversas atividades, principalmente nos momentos de tomada de decisões.

O trabalho em habilidades executivas tem como objetivo ajudar a criança ou o adolescente a regular seu comportamento através de organização e planejamento, e assim favorecer a tomada de decisões. As maneiras necessárias para se "regular o comportamento" envolvem o uso de habilidades que visam a criação de estratégias para a resolução de problemas e para atingir determinadas metas. Essas habilidades são:

Planejamento: Habilidade de criar um caminho para atingir uma meta ou completar uma tarefa.

Organização: Habilidade de criar uma estratégia para facilitar a execução de uma atividade.

Manejo do tempo: Capacidade de estimar quanto tempo ainda tenho para a execução de um dever de casa, de uma prova de matemática ou de um trabalho para a escola, por exemplo.

Memória de trabalho: Habilidade de manter informações na mente, enquanto executa tarefas. Utilizar aprendizagens do passado para aplicar na situação atual ou criar estratégias de solução de problemas para o futuro. Como por exemplo: lembrar do conhecimento prévio de álgebra para solucionar o problema de matemática que estou realizando.

Metacognição: Habilidade de se observar, identificando como você resolve um problema. Pergunto a mim mesmo: "Como estou indo?" ou "Como eu fiz esse exercício?"

Essas habilidades nos ajudam a criar uma meta, um objetivo. Num segundo momento, para se atingir efetivamente essa meta, precisamos de outras habilidades para guiar ou modificar nosso comportamento até se atingir o objetivo final. Isso inclui:

Resposta inibitória: Capacidade de pensar antes de agir. Essa habilidade de resistir em dizer ou fazer alguma coisa nos dá tempo para avaliar uma situação e decidir se algo deve ou não ser dito ou feito.

Autorregulação do afeto: Habilidade de regular as emoções para completar tarefas, atingir objetivos e controlar o comportamento.

Iniciação de tarefas: Habilidade de começar uma tarefa, sem procrastinar.

Flexibilidade: Habilidade de revisar os planos, na presença de obstáculos, erros ou novas informações. Trata-se da capacidade de adaptar-se a condições adversas.

Persistência ao alvo: Capacidade de seguir e executar um plano até completar a meta, sem desistir.

Outro treinamento importante são as estratégias de automanejo, quando o terapeuta auxilia o paciente na identificação de comportamentos inadequados. Dessa forma, a criança ou adolescente poderá aprender a controlar e modificar comportamentos agressivos, desajustados ou impulsivos, por exemplo.

Tratamento psicológico

A aplicação de estratégias de solução de problemas também é muito importante. O objetivo dessas estratégias é combater uma das grandes dificuldades do portador de TDAH: a impulsividade. O portador deverá aprender a "parar e pensar" antes de agir, sendo mais assertivo em suas ações e comportamentos.

Crianças e adolescentes com TDAH apresentam muitos prejuízos nos relacionamentos sociais, evidenciados pela dificuldade na manutenção de amizades, pelos atritos e brigas com amigos, colegas de sala de aula, vizinhos ou nos relacionamentos amorosos. Nesse caso, o treinamento em habilidades sociais é muito utilizado para desenvolver a empatia. O portador poderá avaliar melhor as situações sociais, controlar a impulsividade e entender os sentimentos e as necessidades das outras pessoas antes de tomar decisões. Sua capacidade de se comunicar de forma mais assertiva será enfatizada e a melhoria de seus relacionamentos sociais e a melhora de sua autoestima também ocorrerá.

A dificuldade de concentração pode ser treinada através da terapia cognitivo-comportamental. O objetivo será melhorar a atenção dos portadores de TDAH através de exercícios. Normalmente são utilizados programas de computadores.

As técnicas cognitivo-comportamentais também podem ser utilizadas para o tratamento de transtornos comportamentais associados, como a depressão, ansiedade, transtorno desafiador opositivo e transtorno de conduta.

CAPÍTULO 10

Tratamento psicoeducacional

Os problemas comportamentais em crianças e adolescentes afetam a família toda, portanto, intervenções que ofereçam informação e orientação aos pais são essenciais para o sucesso terapêutico.

O tratamento psicoeducacional consiste em um conjunto de ações e estratégias que visem ao aprendizado de pais e cuidadores sobre o TDAH, para que possam auxiliar no tratamento de seus filhos e alunos.

Os treinamentos de orientação de pais e cuidadores, a apresentação de palestras psicoeducativas e os grupos de apoio são exemplos de intervenções muito importantes no tratamento do portador de TDAH e devem se basear nos seguintes princípios:

- ❏ Informação sobre a natureza do TDAH.
- ❏ Ensinamentos sobre o comportamento da criança ou adolescente.
- ❏ Ensinamentos sobre a utilização de técnicas comportamentais de reforço positivo, como a utilização de um sistema de economia de fichas e técnicas de antecipação de problemas.
- ❏ Ensinamentos sobre a utilização de técnicas comportamentais de reforço negativo, como o canto do castigo e outras técnicas de punição branda.

A seguir descrevo as principais técnicas psicoeducativas utilizadas com familiares de portadores do transtorno de déficit de atenção/hiperatividade:

Orientação de pais

A orientação de pais é uma intervenção baseada no trabalho com os pais ou cuidadores da criança ou adolescente e tem o objetivo de oferecer conhecimento, informação e instrução para a aplicação de técnicas focadas nas necessidades individuais de cada criança ou adolescente.

O profissional age como um consultor para ajudar os pais na identificação de problemas, podendo, assim, auxiliá-los na aprendizagem de habilidades necessárias para lidar com as dificuldades do paciente. Essas intervenções podem favorecer a modificação de atitudes e comportamentos que possam estar contribuindo para o problema.

Outro princípio básico da orientação de pais é ajudá-los a entender sobre o desenvolvimento de seu filho ou filha e sobre suas dificuldades e necessidades especiais. Informações que podem auxiliar também na diminuição de sentimentos de culpa, sentimentos de negação do problema ou de preconceito.

Psicoeducação

A psicoeducação é uma intervenção focada na educação do paciente, de seus familiares, amigos e professores objetivando a informação para a construção de habilidades que facilitem o entendimento do problema comportamental, para que todos possam aprender a lidar com o TDAH.

Isso envolve a aprendizagem sobre o diagnóstico do transtorno, suas características, incidência, causas, sintomas, fatores de risco, fatores de bom e mau prognóstico, evolução natural do problema, opções de tratamento e medicamentos disponíveis.

Enfim, o objetivo final do trabalho psicoeducativo é oferecer informação aos pais, familiares e profissionais da educação. Todo esse trabalho é validado através de diversas pesquisas científicas internacionais que comprovam a eficácia da psicoeducação como ferramenta importante para a adesão da família e do paciente ao tratamento.

Muitos pais me perguntam se deveriam falar com seu filho ou filha sobre o diagnóstico. A resposta é sim, claro que sim! O diagnóstico de TDAH é crônico e, sendo assim, crianças, adolescentes ou adultos portadores devem conhecer o transtorno para aprender estratégias para lidar com os sintomas.

Grupos de apoio

Os grupos de apoio são formados por familiares, amigos e portadores de TDAH que se juntam para dividir experiências, conhecimentos, criando, assim, uma rede de apoio social. Médicos, psicólogos, terapeutas familiares, fonoaudiólogos e demais profissionais de saúde mental também participam dos encontros e reuniões.

Basicamente, pode-se dizer que três características principais movem as pessoas para esses grupos de apoio: senso de identificação com o grupo, suporte emocional e busca por informação. Dessa forma, pais e parentes podem ter a oportunidade de discutir com os pais e parentes de outras crianças e adolescentes que apresentam o mesmo transtorno comportamental. Assim, terão a chance de trocar experiências, receber apoio e informação para entender melhor o que ocorre com seus filhos.

Portanto, o objetivo dos grupos de apoio é melhorar a vida de familiares e portadores de TDAH oferecendo informação sobre o transtorno, além de suporte emocional.

Inicialmente criados nos Estados Unidos, esses grupos de apoio aos pais e familiares inspiraram a criação de diversos grupos no Brasil, como a Associação Brasileira de Déficit de Atenção (ABDA), considerada a maior organização brasileira de portadores, familiares e de profissionais da educação e da saúde mental comprometidos com o transtorno de déficit de atenção/hiperatividade.

CAPÍTULO 11

GUIA DOS PAIS

Dedico este capítulo a orientar pais e responsáveis sobre estratégias de estudo para auxiliar no manejo dos sintomas de déficit de atenção e hiperatividade que atrapalham o desempenho acadêmico e social das crianças e adolescentes portadores de TDAH.

Bem, para falar sobre desempenho acadêmico, gostaria de iniciar o capítulo abordando o estudo de casa. Trata-se de um momento tão importante quanto o período em que o aluno está em sala de aula. Nesse momento, ele poderá treinar e aprimorar seus conhecimentos.

Basicamente, alguns conceitos devem ser enfatizados no estudo para que tenhamos o sucesso escolar dessa criança ou adolescente com TDAH, como a organização, a disciplina e a rotina.

Como mencionado em capítulos anteriores, portadores de TDAH apresentam dificuldade nas funções executivas do cérebro e por isso a capacidade de organização, disciplina e de seguir rotinas está prejudicada. Portanto, é dever de pais e professores auxiliar seus filhos e alunos nesses conceitos essenciais para o sucesso acadêmico.

A organização do estudo baseia-se no planejamento desse momento de aprimoramento e assimilação dos conteúdos ensinados na sala de aula. Esse planejamento leva em consideração que o aluno deve dedicar um período do dia para realizar os deveres de casa e revisar o que foi ensinado no dia de aula.

Esse estudo em casa será um dos elementos essenciais para o sucesso terapêutico e deve respeitar três passos fundamentais: o horário, o local e a qualidade do estudo.

ESTUDO EM CASA

PASSO 1 – Horário de estudo

O horário fixo de estudo é muito importante para o estabelecimento de rotinas e para facilitar a organização do aluno.

Para o aluno que estuda no período da manhã, deve ser escolhido um horário à tarde para o estudo em casa. Já o aluno que vai à escola à tarde, deve separar um horário pela manhã para os deveres de casa. Aos alunos que estudam em período integral, normalmente a escola oferece um período do dia para essa tarefa. Nunca o horário de estudo e de realização de deveres de casa deve ser no período noturno. A noite é para descanso, uma preparação para o dia seguinte de novos afazeres escolares.

Eis um exemplo: da mesma maneira que diariamente o aluno João precisa estar às 7 horas da manhã na escola, ele precisa saber que das 14 horas às 16 horas é o seu horário de estudo. Esse padrão de comportamento e disciplina deve ser enfatizado. O horário de estudo pode e deve ser discutido com a criança, entretanto, após a determinação do horário de estudo, este deve ser respeitado sempre.

Para ilustrar a importância de uma rotina com um horário fixo de estudo, exemplifico o caso de uma paciente de 9 anos de idade chamada Clara, que atendo no consultório. A mãe da Clara estava muito confusa, pois havia encontrado uma professora particular que teria horários disponíveis para acompanhar os estudos de casa da filha diariamente, entretanto, Clara continuava apresentando dificuldades na escola, sempre cansada e desmotivada.

Bem, conversei com a mãe dela para entender o planejamento desse estudo diário e descobri o motivo do cansaço e da desmotivação da pequena Clara. Apesar do auxílio da professora, a menina continuava desorganizada e confusa, pois não existia uma rotina de estudo. Cada dia da semana a aula particular ocorria em um horário diferente, com duração variável e em locais diferentes, ora na casa da criança, ora na casa da professora. Orientei a mãe que conversasse com a professora e estabelecesse horários fixos diários para o estudo de Clara, além da escolha de um local fixo para esse estudo. Corrigido esse problema de organização e rotina o desempenho dela melhorou consideravelmente.

PASSO 2 – Local do estudo

Um local de estudo fixo, para facilitar o estabelecimento de uma rotina, será necessário. Para aquelas crianças e adolescentes que teimam em estudar em seus quartos, deitados, costumo dizer que se essa fosse uma boa posição para o estudo, nas bibliotecas encontraríamos um monte de camas. Portanto, um bom local de estudo deve lembrar uma biblioteca: um local silencioso, contendo uma mesa, cadeira e abajur.

O aluno deve estudar sentado em uma cadeira confortável, apoiado em uma mesa limpa, sem outros objetos além do abajur, caderno, livro, lápis e caneta. Um local arejado, bem ventilado, bem iluminado e acima de tudo silencioso. Esse local deve ser longe de janelas, afinal, poucos estímulos auditivos e visuais serão imprescindíveis para evitar a distração.

Sendo assim, nunca é demais reforçar ao estudante que a televisão, o Ipod, o computador, o celular, o telefone fixo e o videogame devem permanecer desligados durante todo o tempo de estudo.

PASSO 3 – Qualidade do estudo

A qualidade do estudo é muito importante. Não adianta passar horas na frente dos livros pensando no futebol ou no jogo do Playstation III. Saber aproveitar o tempo destinado ao estudo de casa será muito importante e para isso teremos de contar mais uma vez com a ajuda dos pais na orientação e no monitoramento do estudo de casa.

CAPÍTULO 12

GUIA DOS PROFESSORES

Os professores são peças fundamentais no processo de aprendizagem dos alunos, portanto merecem um capítulo à parte quando o assunto é o tratamento do TDAH.

Neste capítulo, vou comentar sobre estratégias a serem adotadas em sala de aula para melhorar a capacidade atencional e diminuir os prejuízos decorrentes de comportamentos hiperativos, facilitando, assim, a aprendizagem. O interessante disso tudo é que as estratégias podem ajudar a todos. Tanto alunos com TDAH podem se beneficiar dessas estratégias, como alunos portadores de outros problemas comportamentais e também aqueles que não apresentam problema algum.

Dicas para os professores

1. **Estabeleça rotinas:** Mantenha a sala de aula organizada e estruturada. O estabelecimento de uma rotina diária em sala de aula facilitará o entendimento e a aprendizagem de todas as crianças. Estimule o aluno a limpar sua mochila semanalmente e a mantê-la organizada também.

2. **Crie as regras da sala de aula:** Regras claras e objetivas ajudam na manutenção da disciplina em sala de aula. Essas regras podem ser fixadas em um painel localizado em local de fácil visualização pelos alunos. Consequências negativas por quebra das regras também podem ser fixadas no painel, assim como consequências positivas (prêmios) por comportamentos assertivos.

3. **Agenda escola-casa:** Trata-se de uma estratégia comumente utilizada pelos professores. São as famosas agendas de comunicação entre pais e professores. Através dela, informações importantes poderão ser trocadas sobre o comportamento do aluno em sala de aula, no recreio escolar, ou sobre a execução de deveres de casa e atividades. Enfim, pais e professores poderão

manter um canal de comunicação para saber como está a criança ou adolescente.

4. **Sentar na frente na sala de aula:** Será mais fácil monitorar e ajudar o estudante com dificuldade nos estudos e com um comportamento desatento ou hiperativo sentando-o na frente na sala de aula, próximo ao quadro e ao professor. Isso irá facilitar o controle e manejo de comportamentos inadequados em sala de aula, além de permitir que o professor faça intervenções ou elogie boas atitudes desse aluno.

5. **Matérias mais difíceis no início da aula:** Não apenas os portadores de TDAH, mas todos os estudantes estão mais descansados e mais aptos à aprendizagem no início do horário letivo. Portanto, as disciplinas mais difíceis podem ser "privilegiadas" nesse momento, com maiores chances de serem assimiladas, enquanto no final do dia todos estão mais cansados, e os conteúdos mais fáceis podem ser ensinados nesse momento.

6. **Pausas regulares:** Todos nós possuímos uma determinada capacidade para permanecermos atentos. Isso significa que após um determinado tempo nossa capacidade atencional diminui muito, assim como nosso desempenho. Portan-

to, permitir pausas regulares entre as atividades é uma conduta importante para que os alunos possam relaxar por alguns minutos.

7. **Ensine técnicas de organização e estudo:** Normalmente, crianças e adolescentes apresentam dificuldades para se organizar e planejar os estudos. Se esses estudantes forem portadores de TDAH a dificuldade será ainda maior. Portanto, o professor pode exercer um papel importantíssimo no estabelecimento de técnicas de organização para favorecer o estudo em casa.

8. **"Tempo extra" para responder às perguntas:** Por que não? Estamos lidando com um aluno que apresenta dificuldade no controle da atenção, desorganizado, mas que se conseguir um tempo extra, pode atingir os objetivos propostos pelo professor. Logo, permitir um tempo extra para responder às perguntas propostas durante a aula ou durante a prova pode e deve ser realizado.

9. **Questione sobre dúvidas em sala de aula:** O professor deve questionar o portador de TDAH, assim como outros estudantes que apresentem dificuldades acadêmicas, sobre dúvidas em sala de aula. Isso ajudará na assimilação de conceitos e favorecerá a atenção do aluno.

10. **Estimule e elogie:** Portadores de TDAH comumente apresentam baixa autoestima, pois estão constantemente recebendo críticas, podendo se tornar desestimulados com a escola. Elogiando e estimulando seu esforço, o aluno se sentirá valorizado, sua autoestima será protegida e teremos grandes chances de observar um crescimento acadêmico. Estimule o aluno com palavras de incentivo. Faça cartazes para serem colocados no mural de recados com as regras do bom comportamento, recompensas por bom comportamento e consequências pelo desrespeito às regras.
11. **Premie o bom comportamento em sala de aula:** Também chamado de reforço positivo. Essa estratégia visa a estimular que comportamentos assertivos sejam potencializados e o interesse pelos estudos aumente, promovendo a melhoria do desempenho acadêmico de todos. Implemente um programa com pontuação e recompensas por bom comportamento, também chamado de economia de fichas. Você pode escrever um contrato entre você e o aluno em que ele concorde em realizar seus trabalhos de sala e associar-se a uma premiação em caso de sucesso.

Ao final do capítulo há exemplos de premiações em sala de aula.

12. **Traga a aula para o dia a dia do aluno:** Temos mais um fator importante para a melhoria acadêmica de qualquer estudante: a motivação. Muitas crianças e adolescentes encontram dificuldade para entender a necessidade de algumas disciplinas. Portanto, a contextualização da matéria ensinada pode ser uma boa alternativa para atrair o interesse do aluno. Traga a aula para o dia a dia do aluno. A matemática será muito mais interessante caso o aluno aprenda a utilizá-la concretamente em sua rotina diária. O português pode envolver a utilização de recortes de jornais e revistas, assim como geografia e história. Enfim, existem inúmeras formas de tornar as disciplinas interessantes para os alunos. Ao final do capítulo, há orientações sobre estratégias para atrair a atenção do aluno em sala de aula.

13. **Seja empático:** Costumo me lembrar de meus professores do colégio e os melhores eram sempre aqueles dinâmicos, extrovertidos, que se movimentavam em sala de aula, motivadores, engraçados e que chamavam os alunos pelos nomes. Oscile a entonação e o volume de voz

para atrair a atenção. O professor pode ser um excelente modelo de comportamento para seus alunos. Portanto, seja empático!

14. **Dividir trabalhos por partes:** Uma vez que crianças e adolescentes com TDAH apresentam dificuldade na organização para a execução de trabalhos escolares, ensiná-los a dividir em várias etapas pode ser uma grande estratégia para facilitar a resolução e a conclusão, tornando o trabalho menos exaustivo.

15. **Agenda e lista de atividades diárias:** Atualmente nossas crianças e adolescentes têm muitas atividades. São aulas particulares, aulas de inglês, futebol, judô, etc. Bem, ensiná-los a utilizar uma agenda ou uma lista de atividades diárias pode auxiliar muito na organização e no planejamento de seu tempo.

16. **Leitura sobre os transtornos comportamentais:** Professores devem ter algum conhecimento técnico sobre os problemas comportamentais escolares. Portanto, leia bastante sobre o TDAH e outras condições comportamentais que acometem crianças e adolescentes.

17. **Seja assertivo:** O professor é figura central e modelo de aprendizagem para seus alunos, por-

tanto, seja assertivo em suas colocações. Evite críticas, pois o aluno com TDAH normalmente apresenta um prejuízo muito grande em sua autoestima. Prefira elogios, mas caso a crítica seja necessária, converse separadamente com o aluno para evitar expor suas dificuldades acadêmicas e comportamentais aos outros estudantes.

18. **Esteja alerta e antecipe problemas:** Muitas vezes as mudanças comportamentais dos alunos seguem um padrão. Identificando precocemente esse padrão de comportamento, professores podem antecipar situações problemáticas, como por exemplo: sempre que um aluno começa a levantar da carteira, outros o seguem e em segundos todos estão conversando e dispersos. O professor pode se antecipar e combinar que apenas será permitido que o aluno se levante da carteira após os exercícios terem sido concluídos e com sua autorização. Lembre os alunos sobre o comportamento esperado para essa ou aquela atividade em sala de aula.

19. **Faça contato visual:** Olhe nos olhos de cada aluno e chame-os pelo nome para atrair e captar a atenção. Dessa forma os estudantes estarão mais alertas e atentos às suas orientações e ensinamentos.

20. **Utilize a internet:** Alunos que apresentam dificuldade na cópia em sala de aula podem se beneficiar da colocação de textos e de deveres de casa na internet ou na distribuição de materiais impressos pelo professor.
21. **Estimule a prática de esportes:** A prática de atividade física deve ser estimulada sempre. Aí entra com maior ênfase o papel do profissional de educação física. Crianças e adolescentes com TDAH comumente apresentam dificuldades de relacionamento social e são estabanadas nas atividades físicas. Esportes coletivos são excelentes ferramentas para estimular a socialização, melhorar a autoestima, além de ensinar sobre a importância do trabalho em equipe, do respeito às regras, de se seguir uma hierarquia de comando e de respeitar a autoridade do professor.

Sugestão de premiações escolares:

- Ser o "ajudante" do professor.
- Apagar o quadro.
- Escrever no quadro.
- Buscar equipamento para a aula.
- Sair para beber água.

- Ponto positivo na média.
- Elogio verbal.
- Elogio no caderno.
- Elogio no caderno de comunicação com os pais.

Estratégias para atrair a atenção do aluno em sala de aula:

- Acenda e apague as luzes da sala de aula.
- Diga frases do tipo: "Atenção, todo mundo!", "Vamos lá, turma!".
- Bata palmas.
- Utilize giz ou marcadores coloridos no quadro.
- Faça contato visual durante todo o tempo com os alunos, especialmente com os mais desatentos.
- Utilize recursos multimídia, como computadores, retroprojetores, vídeos, músicas e internet.

Sites de referência

Em português:

Associação Brasileira do Déficit de Atenção: www.tdah.org.br
Comportamento infantil: www.comportamentoinfantil.com
Psiquiatria Infantil: www.psiquiatriainfantil.com.br

Em inglês:

American Academy of Child and Adolescent Psychiatry: www.aacap.org
Children and Adults with Attention Deficit Hyperactivity Disorder: www.chadd.org
Disorders at school: www.disordersatschool.com
DSM5: www.dsm5.org
MGH School Psychiatry: www.schoolpsychiatry.org
NYU Child Study Center: www.aboutourkids.org

Bibliografia

AMERICAN ACADEMY OF CHILD AND ADOLESCENT PSYCHIATRY. *Practice Parameter for Assessment and Treatment of Children and Adolescents with Attention-Deficit Hyperactivity Disorder.* Disponível em: http://www.aacap.org/galleries/PracticeParameters/JAACAP – ADHD – 2007.pdf Acessado em 17/6/2010.

AMERICAN PSYCHIATRIC ASSOCIATION. *Diagnostic and Statistical Manual of Mental Disorders*, 4th ed., Washington, D.C.: American Psychiatric Association, 1994.

AMERICAN PSYCHIATRIC PUBLISHING. *Textbook of Child and Adolescent Psychiatry*, 3rd ed., Washington, D.C.: American Psychiatric Publishing, 2004.

ARANA, G.W. *Handbook of Psychiatric Drug Therapy*, 4th edition, Philadelphia, PA: Lippincott Williams Wilkins, 2000.

ASSUNÇÃO, F.B.; KUCZYNSKI, E. *Tratado de psiquiatria da infância e adolescência*, São Paulo: Editora Atheneu, 2003.

BARKLEY, R.A. *The Relevance of the Still Lectures to Attention Deficit Hyperactivity Disorder – A Commentary.* 2006; 10; 137 J Atten Disord.

BARKLEY, R.A.; BENTON, C.M. *Your Defiant Child*, Nova York: The Guilford Press, 1998.

BRADLEY, C. *The Behavior of Children Receiving Benzedrine.* Am J Psychiatry 94:577-585, novembro de 1937.

CORDIOLI, A.V. *Psicofármacos: consulta rápida,* 2ª ed., Porto Alegre: Artemed 2000.

DAWSON, P.; GUARE, R. *Executive Skills in Children and Adolescents,* Nova York: The Guilford Press, 2004.

DULCAN, M.K. *Textbook of Child and Adolescent Psychiatry*, 1st edition, Washington: American Psychiatric Publishing, 2010.

KAPLAN, H.I.; SADOCK, B.J.; GREBB, J.A. *Compêndio de psiquiatria: ciências do comportamento e psiquiatria clínica*; 7ª ed., Porto Alegre: Artemed, 1997.

KOLB, B.; WHISHAW, I.Q. *An Introduction on Brain and Behavior.* Worth Publishers, 2001.

LEWIS, M. *Tratado de psiquiatria da infância e adolescência*, 1ª ed., Porto Alegre: Artemed, 1995.

ORGANIZAÇÃO MUNDIAL DE SAÚDE. *Classificação estatística internacional de doenças e problemas relacionados à saúde*, 10ª ed., São Paulo: Editora da Universidade de São Paulo, 1996.

PALMER, E. D. *An Early Description of ADHD (Inattention Subtype): Dr. Alexander Crichton and the "MentalRestlessness" (1798).* Child Psychology and Psychiatry Reviews, 6, 66-73, 2001.

PARKER, H.C. *Problem Solver Guide for Students with ADHD.* Specialty Press, Inc., 2006.

PRUITT, D.B. *Your Adolescent: What Every Parent Needs to Know. What's Normal, What's Not, and When to Seek Help*, 1st

BIBLIOGRAFIA

ed., American Academy of Child and Adolescent Psychiatry, Nova York: Harper Collins, 1999.

_____. *Your Child: What Every Parent Needs to Know About Childwood Development from Birth to Preadolescence*, 1st ed., American Academy of Child and Adolescent Psychiatry, Nova York: Harper Collins, 1998.

RANGÉ, B. *Psicoterapias cognitivo-comportamentais: um diálogo com a psiquiatria*, Porto Alegre: Artmed, 2001.

RUTTER, M; TAYLOR, E. *Child and Adolescent Psychiatry*, 4th ed., Blackwell Publishing, 2002.

STAHL, S.M. *Psicofarmacologia-base neurocientífica e aplicações práticas*, 2ª ed., MEDSI Editora Médica e Científica Ltda., 2002.

STALLARD, P. *Bons pensamentos – bons sentimentos: manual de terapia cognitiva-comportamental para crianças e adolescentes*, Porto Alegre: Artmed, 2004.

STILL G.F. *Some Abnormal Psychical Conditions in Children: The Goulstonian Lectures. Lancet*, 1902, 1:1008–1012.

SILVERMAN, S.M. *School Success for Kids with ADHD*. Profrock Press Inc., 2009.

STUBBE, D. *Child and Adolescent Psychiatry: a Practical Guide*. 1st edition, Philadelphia: Lippincott Williams & Wilkins, 2007.

TEIXEIRA, G. *Terapêutica medicamentosa no transtorno desafiador opositivo: Revisão da literatura*. Arq. Bras. Psiq. Med. Legal vol. 100 n. 2, 2006.

_____. *Transtornos comportamentais na infância e adolescência*, Rio de Janeiro: Editora Rubio, 2006.

_____. *Drogas – guia para pais e professores*, Rio de Janeiro: Editora Rubio, 2007.

_____. *O reizinho da casa – entendendo o mundo das crianças opositivas, desafiadoras e desobedientes*, Rio de Janeiro: Editora Rubio, 2009.

Contato com o autor

Contatos para palestras, cursos, eventos, entrevistas e consultas:

(21) 2710-6729
(21) 8232-2785
www.comportamentoinfantil.com
www.twitter.com/drteixeira
comportamentoinfantil@hotmail.com

Este livro foi composto na tipologia Adobe Garamond Pro,
em corpo 12/18,8, impresso em papel offset 70g/m²,
no Sistema Cameron da Divisão Gráfica
da Distribuidora Record.